HYAZINTH UND ROSENBLÜTCHEN

… für das Kind in dir …

Mit Illustrationen von
Lutz Grumbach

Die Deutsche Bibliothek - CIP Einheitsaufnahm

Novalis:
Hyazint und Rosenblütchen / Novalis. Forschungsstätte für Frühromantik
und Novalis-Museum, Schloss Oberwiederstedt.
[Ill. Lutz Grumbach. Red. und Nachw.: Gabriele Rommel]. –
Halle/S. : Stekovics, 1996
ISBN 3-929330-68-7

Herausgegeben von der
Forschungsstätte für Frühromantik und Novalis-Museum, Schloß Oberwiederstedt,
Mansfelder Land
Gefördert vom Land Sachsen-Anhalt / Regierungspräsidium Halle
Illustration und Textgestaltung:
Lutz Grumbach, Halle Saale

Redaktion und Nachwort:
Gabriele Rommel, Wiederstedt

Gesamtherstellung, EBV, Composing und Satz: STEKOFOTO (Halle)

Verlag Janos Stekovics (Halle/S.)
ISBN 3-929330-68-7

DAS MÄRCHEN VON

HYAZINTH UND ROSENBLÜTCHEN

NOVALIS

FORSCHUNGSSTÄTTE FÜR FRÜHROMANTIK UND NOVALIS-MUSEUM
SCHLOSS OBERWIEDERSTEDT

Vor langen Zeiten lebte weit
gegen Abend ein blutjunger Mensch.
Er war sehr gut,
aber auch über die Maßen wunderlich.

Er grämte sich unaufhörlich
um nichts
und wieder
nichts,
ging
immer still
für sich hin,

setzte sich einsam, wenn die andern
spielten und fröhlich waren,
und hing seltsamen Dingen nach.

Höhlen und Wälder
waren sein liebster Aufenthalt,
und dann
sprach er immerfort
mit Tieren und Vögeln,
mit Bäumen und Felsen,
natürlich kein
vernünftiges Wort,
lauter närrisches
Zeug zum Totlachen.
Er blieb aber immer mürrisch
und ernsthaft, ungeachtet
sich das Eichhörnchen,
die Meerkatze,
der Papagei und der Gimpel
alle Mühe gaben,

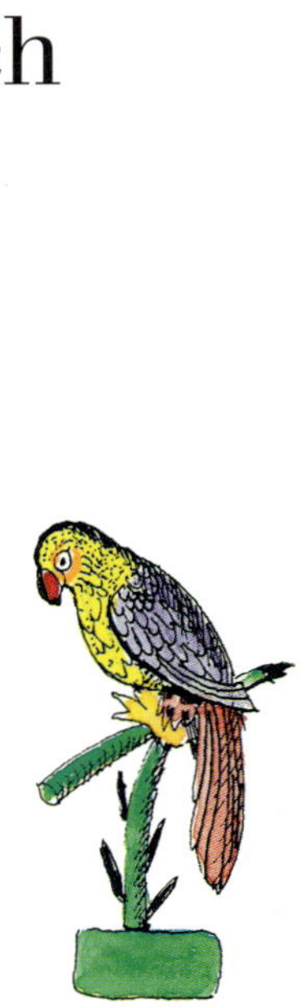

ihn zu zerstreuen und ihn
auf den richtigen Weg zu weisen.

Die Gans erzählte
Märchen,

der Bach
klimperte
eine Ballade
dazwischen,

ein großer dicker Stein
machte lächerliche
Bockssprünge,

die Rose
schlich sich freundlich
hinter ihm herum,
kroch durch seine Locken,

und der Efeu streichelte
ihm die sorgenvolle Stirn.

Allein der Mißmut und Ernst waren hartnäckig.

Seine Eltern waren sehr betrübt,
sie wußten nicht,
was sie anfangen sollten.

Er war gesund und aß,
nie hatten sie ihn beleidigt,
er war auch bis vor wenig Jahren
fröhlich und lustig gewesen wie keiner;
bei allen Spielen voran,

Er war
recht bildschön,
sah aus wie gemalt,
tanzte wie ein Schatz.

von allen Mädchen gern gesehn.

Unter den Mädchen
war eine,
ein köstliches,
bildschönes Kind,
sah aus wie Wachs,
Haare wie goldne Seide,
kirschrote Lippen,
wie ein Püppchen gewachsen,
brandrabenschwarze Augen.

Wer sie sah, hätte mögen vergehn,
Damals war Rosenblüte, so hieß sie,
von Herzen gut.

Ein Veilchen hatte es
ihnen zuerst
gesagt,

so lieblich war sie.
dem bildschönen Hyazinth, so hieß er,
und er hatte sie lieb zum Sterben.
Die andern Kinder wußten's nicht.

die Hauskätzchen
hatten es wohl
gemerkt,

die Häuser ihrer Eltern lagen

Wenn nun Hyazinth die
Nacht an seinem Fenster stand

nahe beisammen.

und Rosenblüte an ihrem

und die
Kätzchen
auf den
Mäusefang
da
vorbeiliefen,
da sahen sie
die beiden
stehn
und lachten
und
kickerten
oft so laut,
daß sie es hörten und böse wurden.

Das Veilchen
hatte es der Erdbeere
im Vertrauen
gesagt,
die sagte es ihrer Freundin,
der Stachelbeere,
die ließ nun
das Sticheln nicht,
wenn Hyazinth
gegangen kam;
so erfuhr's denn bald
der ganze Garten und der Wald,
und wenn Hyazinth ausging,
so rief's von allen Seiten:
‚Rosenblütchen ist mein Schätzchen!'
Nun ärgerte sich Hyazinth
und mußte doch auch wieder
aus Herzensgrunde lachen,

wenn das Eidechschen geschlüpft kam,
sich auf einen

warmen Stein setzte,
mit dem Schwänzchen wedelte
und sang:

‚Rosenblütchen, das gute Kind,
Ist geworden auf einmal blind,
Denkt, die Mutter sei Hyazinth,
Fällt ihm um den Hals geschwind;
Merkt sie aber das fremde Gesicht,
Denkt nur an, da erschrickt sie nicht,
Fährt, als merkte sie kein Wort,
Immer nur mit Küssen fort.‘

Ach! wie bald war die Herrlichkeit vorbei.
Es kam ein Mann
aus fremden Landen gegangen,
der war erstaunlich weit gereist,
hatte einen langen Bart, tiefe Augen,
entsetzliche Augenbrauen,
ein wunderliches Kleid
mit vielen Falten und seltsame Figuren
hineingewebt.
Er setzte sich vor das Haus,
das Hyazinths Eltern gehörte.
Nun war Hyazinth sehr neugierig und
setzte sich zu ihm und holte ihm Brot
und Wein. Da tat er seinen weißen Bart
voneinander und erzählte bis tief in die
Nacht, und Hyazinth wich und wankte
nicht und wurde auch nicht müde
zuzuhören.

Soviel man nachher vernahm, so hat er
viel von fremden Ländern,
unbekannten Gegenden,
von erstaunlich
wunderbaren
Sachen erzählt
und ist drei Tage
dageblieben
und mit Hyazinth
in tiefe Schachten
hinuntergekrochen.
Rosenblütchen hat
genug den alten
Hexenmeister
verwünscht,
denn Hyazinth ist
ganz versessen auf
seine Gespräche

gewesen und hat sich um nichts bekümmert; kaum daß er ein wenig Speise zu sich genommen. Endlich hat jener sich fortgemacht, doch dem Hyazinth ein Büchelchen dagelassen, das kein Mensch lesen konnte.
Dieser hat ihm noch Früchte, Brot und Wein mitgegeben und ihn weit weg begleitet. Und dann ist er tiefsinnig zurückgekommen und hat einen ganz neuen Lebenswandel begonnen.
Rosenblütchen hat recht zum Erbarmen um ihn getan, denn von der Zeit an hat er sich wenig aus ihr gemacht und ist immer für sich geblieben. Nun begab sich's, daß er einmal nach Hause kam und war wie neugeboren.
Er fiel seinen Eltern um den Hals

und weinte. ‚Ich muß fort
in fremde Lande‘,
sagte er, ‚die alte
wunderliche
Frau im Walde
hat mir erzählt,
wie ich gesund
werden müßte,

das Buch hat sie
ins Feuer geworfen
und hat mich getrieben,
zu euch zu gehn und
euch um euren Segen
zu bitten.

Vielleicht komme ich bald,
vielleicht nie wieder.
Grüßt Rosenblütchen. Ich hätte sie gern
gesprochen, ich weiß nicht, wie mir ist,
es drängt mich fort; wenn ich an die
alten Zeiten zurückdenken will,
so kommen gleich mächtigere Gedanken
dazwischen, die Ruhe ist fort, Herz
und Liebe mit, ich muß sie suchen gehn.
Ich wollt euch gern sagen, wohin,
ich weiß selbst nicht, dahin, wo
die Mutter der Dinge wohnt,
die verschleierte Jungfrau.
Nach der ist mein Gemüt entzündet.
Lebt wohl.' Er riß sich los und ging fort.
Seine Eltern wehklagten und vergossen
Tränen, Rosenblütchen blieb in ihrer
Kammer und weinte bitterlich.

Hyazinth lief nun,
was er konnte,
durch Täler
und Wildnisse,
über Berge
und Ströme,
dem
geheimnis-
vollen
Lande zu.
Er fragte
überall nach
der heiligen
Göttin (Isis)
Menschen
und Tiere,
Felsen
und Bäume.

Manche lachten,
manche schwiegen,
nirgends erhielt er Bescheid.
Im Anfange kam er durch
rauhes, wildes Land,
Nebel und Wolken
warfen sich ihm
in den Weg,
es stürmte
immerfort;

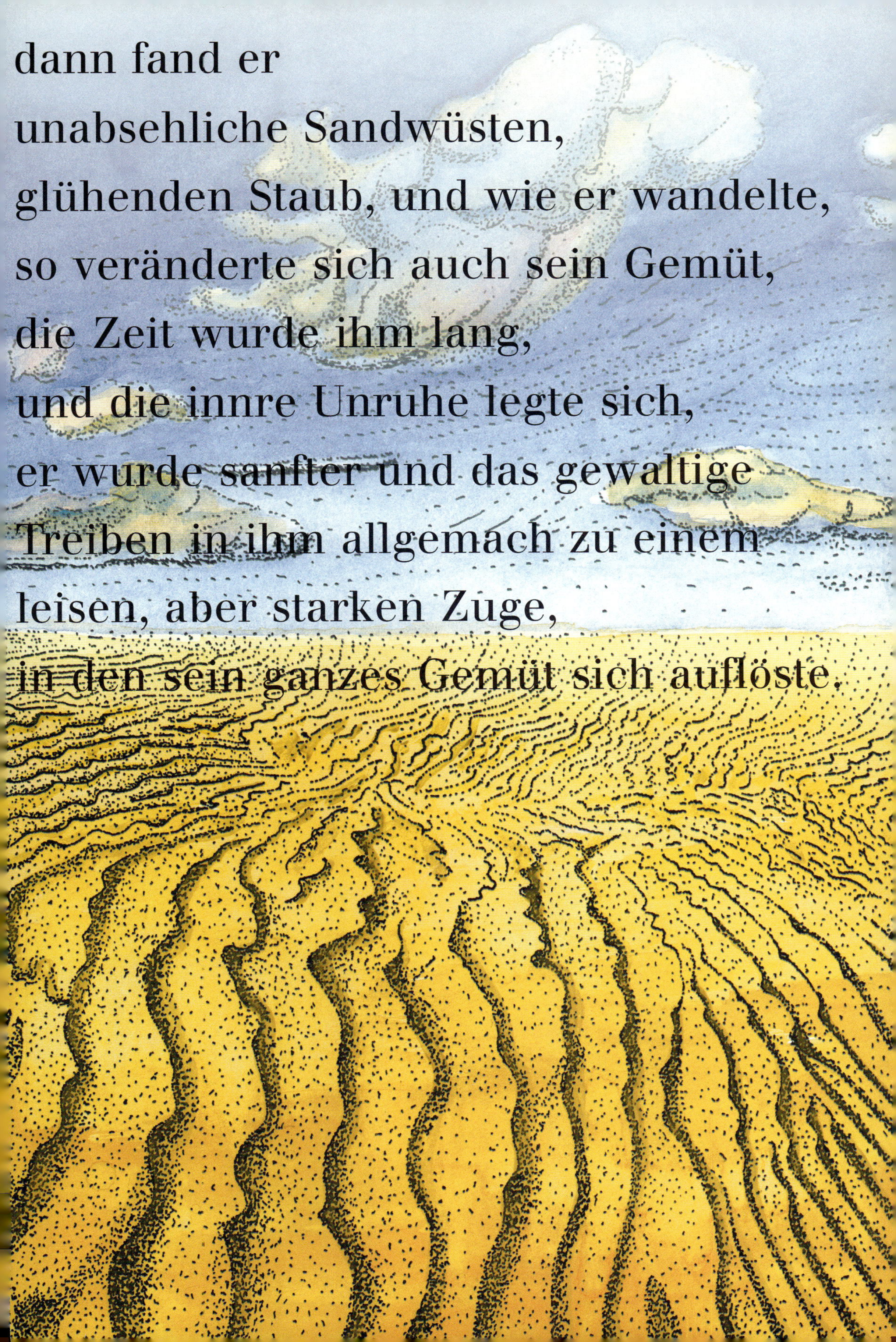

dann fand er
unabsehliche Sandwüsten,
glühenden Staub, und wie er wandelte,
so veränderte sich auch sein Gemüt,
die Zeit wurde ihm lang,
und die innre Unruhe legte sich,
er wurde sanfter und das gewaltige
Treiben in ihm allgemach zu einem
leisen, aber starken Zuge,
in den sein ganzes Gemüt sich auflöste.

Es lag wie viele Jahre hinter ihm.
Nun wurde die Gegend
auch wieder reicher
und mannigfaltiger,
die Luft lau und blau,
der Weg ebener,
grüne Büsche lockten
ihn mit anmutigem
Schatten,

aber er verstand ihre Sprache nicht,
sie schienen auch nicht zu sprechen,
und doch erfüllten sie auch sein Herz
mit grünen Farben und
kühlem, stillem Wesen.
Immer höher wuchs jene süße Sehnsucht
in ihm, und immer breiter und saftiger
wurden die Blätter, immer lauter
und lustiger die Vögel und Tiere,
balsamischer die Früchte,
dunkler der Himmel, wärmer die Luft
und heißer seine Liebe,
die Zeit ging immer schneller,
als sähe sie sich nahe am Ziele.
Eines Tages begegnete er einem
kristallnen Quell und einer Menge Blumen,
die kamen in ein Tal herunter zwischen
schwarzen himmelhohen Säulen.

Sie grüßten
ihn freundlich
mit bekannten Worten.
‚Liebe Landsleute', sagte er,
‚wo find ich wohl
den geheiligten
Wohnsitz der Isis?

Hierherum muß er sein, und ihr seid
vielleicht hier bekannter als ich.‘
– ‚Wir gehn auch nur hier durch‘,
antworteten die Blumen; ‚eine
Geisterfamilie ist auf der Reise,
und wir bereiten ihr Weg und Quartier,
indes sind wir vor kurzem
durch eine Gegend gekommen,
da hörten wir ihren Namen nennen.
Gehe nur aufwärts, wo wir herkommen,
so wirst du schon mehr erfahren.‘
Die Blumen und die Quelle lächelten,
wie sie das sagten, boten ihm
einen frischen Trunk und gingen weiter.
Hyazinth folgte ihrem Rat,
frug und frug und kam endlich
zu jener längst gesuchten Wohnung,
die unter Palmen und andern köstlichen

Gewächsen versteckt lag.
Sein Herz klopfte in unendlicher Sehnsucht, und die süßeste Bangigkeit durchdrang ihn in dieser Behausung der ewigen Jahreszeiten.
Unter himmlischen Wohlgedüften entschlummerte er,
weil ihn nur der Traum in das Allerheiligste führen durfte.
Wunderlich führte ihn der Traum durch unendliche Gemächer
voll seltsamer Sachen auf lauter reizenden Klängen und in abwechselnden Akkorden.
Es dünkte ihm alles so bekannt und doch in niegesehner Herrlichkeit, da schwand auch der letzte irdische Anflug, wie in Luft verzehrt, und er stand

vor der himmlischen Jungfrau,
da hob er den
leichten, glänzenden
Schleier,

und Rosenblütchen
sank in seine Arme.
Eine ferne Musik
umgab die Geheimnisse
des liebenden
Wiedersehns,

die Ergießungen der Sehnsucht,
und schloß alles Fremde von diesem
entzückenden Orte aus.
Hyazinth lebte nachher
noch lange mit Rosenblütchen
unter seinen frohen
Eltern und Gespielen,

und unzählige Enkel dankten der alten wunderlichen Frau für ihren Rat und ihr Feuer; denn damals bekamen die Menschen so viel Kinder, als sie wollten.“

Novalis

Georg Philipp Friedrich von Hardenberg wurde am 2. Mai 1772 im Schloß Oberwiederstedt geboren. Aus seiner Kindheit, die er im mansfeldischen Wiederstedt verbrachte, ist durch den Lebensbericht des Dichterfreundes Ludwig Tieck überliefert: „Gedichte zu lesen war die Erholung seiner müßigen Stunden. Vor allen liebte er Mährchen und er übte sich schon früh, dergleichen zu erfinden und seinen Brüdern zu erzählen. Ein sonderbares Spiel setzte er mit diesen (mit Erasmus und Carl) einige Jahre fort: jeder von ihnen stellte nehmlich einen Genius vor, der eine des Himmels, der andre des Wassers, der dritte der Erde; Sonntags Abends erzählte ihnen dann Novalis die mannigfaltigsten und wunderbarsten Begebenheiten aus diesen verschiedenen Reichen. Aus dieser Zeit finden sich auch noch einige Gedichte von ihm".

Das Märchen von Hyacinth und Rosenblütchen ist eines der schönsten romantischen Kunstmärchen. Friedrich von Hardenberg, der sich ab 1798 den Dichternamen *Novalis* wählte, schrieb das Märchen als Teil seines ersten, naturphilosophischen Romans „Die Lehrlinge zu Sais". Märchen und Sagen durchweben auch den anderen großen Roman „Heinrich von Ofterdingen", in dem Novalis das Märchen von Eros und Fabel erzählt.

Motive und Bilder fand er in der Geschichte wie vor allem in der Natur und der Welt des Bergbaus, denn er war Jurist, Philosoph und Bergmann.

Schon mit 28 Jahren verstarb er an einer unheilbaren Krankheit. In seinem Geburtshaus, dem Schloß Oberwiederstedt, erinnert heute ein Museum an den Dichter. Dort gibt es Märchenstunden für Kinder, in denen man auch mit einem Papiertheater das Märchen von Hyacinth und Rosenblütchen spielen kann. Aber auch zu Hause kann man sich aus farbigen Bastelbögen die kleine Theaterwelt aus Papier zaubern.